Engelhorn Bücherei

Norbert Blüms gesammelte Sprüche

Gefunden
und herausgegeben von
Renate Jostmann

Engelhorn Verlag
Stuttgart

© 1996 Engelhorn Verlag, Stuttgart

INHALT

  7 Biographisches
 25 Wirtschaftliches
 37 Närrisches
 43 Soziales
 53 Politisches
 67 Gesellschaftskritisches
101 Philosophisches
125 Quellennachweis

BIOGRAPHISCHES

Zeichnung: Klaus Pielert

Biographisches

Zu meinen Kindheitsträumen zählt, einmal Blaubeeren zu essen ohne die Angst, daß der Teller bald leer und in der Schüssel kein Nachschlag mehr ist.

Mich hat die Familie (meistens) am Weihnachtsabend abgestellt, die Triangel zu schlagen. Und selbst damit habe ich die musikalischen Ansprüche meiner Familie nie zufriedenstellen können, so daß sie mich zu guter Letzt aufs Metronom abgedrängt hat.

Wir besuchten einen großen öffentlichen Luftschutzbunker. Der Kinderwagen wurde schon abends gepackt – ohne das Baby, meinen Bruder. Ich fand, das Schönste im Kinderwagen war die Thermosflasche mit Kakao. So verbindet sich bei mir Fliegeralarm nicht nur mit Angst, sondern auch mit Kakao.

Ich habe als Junge, als Pfadfinder, meine erste Pfeife geraucht, um damit die Schnaken zu vertreiben. Es war also ein rein gesundheitliches Interesse, das mich zur Pfeife gebracht hat.

In den ersten vier Wochen meiner Schulpflicht im Schwarzwald wurde ich jeden Mittag auf dem Nachhauseweg im Wald an einem dafür ausersehenen Baum verprügelt – das war eine Art Eingemeindung.

Wer seine Hausaufgaben besonders gut gemacht hatte, bekam vom Schulmeister eine goldene Nase (hergestellt mit gelber Kreide). Das war ein erstrebenswertes Ziel und hat meine Anstrengungen zeitweise angefeuert. Das Erfolgsgeheimnis der goldenen Nase lag aber wahrscheinlich darin, daß nach zwölf Uhr mittags auf der Dorfstraße beim Nachhausegehen für das ganze Dorf amtlich war, wer fleißig war und wer nicht.

Biographisches

Unsere Wohnung nach der Evakuierung bestand aus zwei Zimmern. Wasser mußte aus dem Hof geholt werden. Die Toilette lag neben dem Pferdestall. Nachdem sich eine Tante nebst Tochter zu uns aufs Land gerettet hatte, lebten wir zu fünft in dieser Wohnung. Nach einiger Zeit kamen noch Oma und Opa dazu. Es war sehr gemütlich.

Anfang des Sommers ging's nach Finthen oder Gonsenheim oder Mombach, um Kirschen zu holen. In dieser Zeit waren die Schulen nur mäßig besetzt. Morgens um fünf Uhr sah die Bahnhofshalle aus wie die Sammelstelle eines Kinderkreuzzuges.

In der Lehrlingsmannschaft der Firma Opel war ich Torhüter. Wer das bezweifelt, der soll mein Nasenbein in Augenschein nehmen.

Ich erinnere mich heute noch, wie uns bei der Pfadfinderschaft St. Georg mal das Banner geklaut wurde. Eine Schande! Wir hatten die Katholische Jugend im Verdacht. In der Mittagspause sind wir in deren Jugendheim eingestiegen, haben alles durchsucht, nichts gefunden und natürlich Spuren hinterlassen. Wenn's damals noch die Inquisition gegeben hätte, wären wir wahrscheinlich verbrannt worden, und Sie könnten mich jetzt in einem Ascheimer besuchen. Der Übeltäter war die Naturfreundejugend. Nachts sind wir raus zu deren Heim. Von Krimis und Wildwestfilmen wußten wir: erst die Lampen ausschlagen! Ich gehörte zur Sturmtruppe. Die Abmachung war, die Kerle durchs Fenster rauszuwerfen. Nur: Der erste, den wir rausgeworfen hatten, war einer von uns! Im Dunkeln sah man nichts. Mir hat einer ins Bein gebissen – war auch einer von uns. Aber: Wir haben unser Banner zurückerobert.

Endlich war auch das Endziel, das Nordkap, erreicht. Wir warteten auf der Kaimauer in Honningsvåg in einer langen Autoschlange auf die Überfahrt mit einer kleinen Fähre. Die Kinder nutzten die Warterei auf ihre Weise und benutzten unser geliehenes Auto als Turngerät. Sie benahmen sich wie immer und simulierten eine wildgewordene Affenhorde. Vater saß derweil gelangweilt auf einem kleinen Mäuerchen am Hafenrand etwas abseits, schon leicht verdreckt, in eine alte Hose und in einen dicken Rollkragenpullover verpackt, die beide durch nächtliche Lagerfeuer schon leicht angesengt waren. Eine alte Kappe auf dem Kopf verlieh ihm den Rest eines norwegischen Originals. Der Bart hatte schon wochenlang keine Rasur erlebt.

Plötzlich legte, wie aus dem Nordmeer aufgetaucht, ganz unvermittelt ein Kreuzfahrerschiff an. Die Gangway war kaum heruntergelassen, da verließ schon eine schnatternde Touristenmenge das Schiff. Mit Fotoapparaten bewaffnet, nach allen Seiten gestikulierend, schoben und stießen sich die Leute von Bord.

Das Objekt ihrer Suche war offenbar

ein typischer Norweger, den sie auf die Fotoplatte bannen wollten, damit auch der heimischen Verwandtschaft die Authentizität der Abenteuer bewiesen werden konnte.

Wen wundert es, daß ich den amerikanischen Nordkapfahrern als erstes ins Auge fiel? In meinem Aufzug war ich ein Blickfang. Im Nu hatten sie mich umringt und quasselten in englischer Sprache auf mich ein. Als typischer Norweger verstand ich natürlich kein Wort, brummte dagegen unverständliche Worte in meinen Bart und war wider Willen und ohne Einverständnis der meistfotografierte Mann von Honningsvåg.

Man umlauerte und umlagerte mich in allen Stellungen: von oben, von unten, von allen Seiten, mit und ohne Stativ, mit und ohne Blitzlicht. Man ließ keinen Blickwinkel aus und gab sein Entzücken mit Kichern und Grunzlauten bekannt, stupste sich gegenseitig zur Seite, um den besten Standplatz fürs Fotografieren zu ergattern. Ich erlebte eine Orgie von Klick und Klack.

Vor mir der Fotofanklub und hinter mir die Affenbande, meine Kinder, die mich unaufhörlich mit »Angeber, Angeber« und ähnlich diskriminierenden Titulierungen anpöbelten. Ihr Lachen und Spotten kippte mich fast aus der Rolle. Doch ich blieb mit eiserner Gelassenheit meiner Pose als Original-Norweger treu. Ich hatte sie mir schließlich nicht selbst gewählt und hätte mit plötzlicher Aufklärung über meine Nationalität an diesem Ort und vor diesen Fotografen nur große Enttäuschung ausgelöst. So herzlos will niemand sein. Wer A sagt, muß auch B sagen, erinnert mich ein altes Sprichwort meiner Mutter.

Und so bin ich mit Sicherheit im fernen Amerika als ein typischer kerniger Vertreter des schönen Landes Norwegen in Erinnerungsalben eingegangen, die noch die Enkel der Kreuzfahrer zu einer Reise nach Norwegen animieren werden. Wer bezahlt mir eigentlich die Tantiemen?

Das Aufsteigen auf das Tandem mußte
schnellgehen, denn wir wollten rechtzeitig
vor einem entgegenkommenden Lastwagen
wieder auf der rechten Straßenseite sein. Gut
gelaunt radelten wir weiter. Unser Gespräch
war angeregt, aber einseitig. Nur ich sprach.
Vor einem Gasthaus drosselte ich das Tempo
und fragte meine Frau, ob wir hier einkehren
sollten. Sie gab keine Antwort. Ich wieder-
holte die Frage. Immer noch keine Antwort.
Ungeduldig rief ich: »Ja oder nein?« Keine
Antwort. Erneut, diesmal noch lauter, rief
ich: »Ja oder nein?« Verärgert über soviel
Antwortverweigerung wandte ich mich
schließlich zu meiner schweigenden Frau
um. Der Rücksitz war leer.

Es ist Pfingstsamstag. Was sind die Leute
alle so fleißig! Sie fegen die Straßen, als wäre
es der Parkettboden ihrer Wohnzimmer. Mein
Gott, sie werden doch heute abend nicht
auf dem Bürgersteig das Abendessen ein-
nehmen?

Biographisches

Wir standen in Schladming in der langen Warteschlange vor dem Skilift. Es war kalt. Die Stimmung der Mannschaft war frostig wie das Wetter. Neben mir stand ein Mann in mittleren Jahren. Er betrachtete mich schweigend, aber offensichtlich voll innerer Abneigung. Plötzlich schöpfte er Mut und fragte: »Sind Sie der Blüm?«

Augenblicklich schwante mir, daß dies der Beginn einer aggressiven Unterhaltung sein könnte, zu der ich nun wirklich keine Lust hatte. Ich antwortete: »Ja, ich heiße Blüm, aber ich bin nicht der von der CDU. Das ist mein Bruder.«

Schon gingen leichte Anzeichen von Entspannung durch die Gesichtszüge meines Nachbarn. Ich wollte seiner Freude noch eine Steigerung verschaffen und ergänzte: »Mein Bruder, der Norbert, ist ein ziemlicher Spinner. Er hat schon meine Mutter als kleiner Junge vor Ärger zur Weißglut gebracht.« Das Eis schmolz wie unter der Kraft eines Golfstromes; das Gesicht des Mannes signalisierte Entwarnung. Mein mittelständischer Mitbürger konnte seiner Zuneigung nun kaum Grenzen setzen. Wir schimpften gemeinsam über den »linken Blüm«, übertrafen uns wechselseitig mit abschätzigen Urteilen. So wurde selbst die Wartezeit vor dem Skilift kurzweilig.

Ja, Kirchen und Wirtshäuser, das ist mein Zentimetermaß, mit dem ich die Kultur einer Landschaft messe.

Irgendeiner der vielen Touristen lief mir über die Straße nach: »Guck mal, der Nowottny«, was meine Eitelkeit schwer beschädigte. Nichts gegen den angesehenen Intendanten des WDR. Gott sei Dank rief mir dann noch jemand »Drecksack« nach, was meine authentische Identität wieder bestätigte: Damit konnte schließlich nicht Nowottny, sondern nur Blüm gemeint sein.

Biographisches

Zeichnung: Klaus Pielert

Der Kronleuchter in der Oper von Ankara ist ein schöner Kronleuchter. An seiner Herstellung bin ich selbst beteiligt gewesen.

Das kam so: Auf meiner jugendlichen Tramptour durch den Balkan gabelte mich eines Nachmittags in den Gassen von Ankara ein Kunstschmied auf. Er nahm mich mit und erprobte in seiner Werkstatt meine Fertigkeiten. Offenbar entsprachen sie seinen Ansprüchen. Ich half ihm fortan. Eines unserer gemeinsamen Werkstücke war der Kronleuchter für die Oper.

Der Kunstschmied war mit mir so zufrieden, daß er mich in sein Haus einquartierte. Und als ich dann meines Weges ziehen wollte, verweigerte er mir die Weiterreise. Also entschloß ich mich zur Flucht, suchte mitten in der Nacht meinen Rucksack und meine Klamotten zusammen und sprang, da alle anderen Ausgänge sorgfältig versperrt waren, aus dem Fenster des ersten Stocks.

Ich war in Freiheit und behielt meine Zeit in Ankara trotz dieses unfreiwilligen Aufenthalts in guter Erinnerung.

Fast dreißig Jahre später, im Sommer 1984, erzählte ich bei einem Staatsbesuch in

Ankara meinen Gastgebern nebenbei, daß ich hier vor vielen Jahren als deutscher Gastarbeiter gearbeitet hätte. Ich wies auf den hinterlassenen Kronleuchter in der Oper in Ankara eher beiläufig hin.

War es mein angeberisches Gebaren oder versteckte Ungläubigkeit meiner Gastgeber – sie luden mich jedenfalls umgehend in ihren Wagen, und mit Blaulicht und Tatütata fuhren wir zur Besichtigung meines Kunstwerkes in die Oper. Kamera- und Presseleute waren inzwischen schon an den Ort der Handlung beordert. Freudig zeigten mir meine türkischen Freunde den in der Eingangshalle hängenden Kronleuchter. Ich betrachtete ihn ungläubig, denn er entsprach durchaus nicht meiner Erinnerung. Aber man will ja schließlich seine Gastgeber nicht enttäuschen. Ich war unschlüssig, ob ich den Kronleuchter trotz meiner Zweifel als den meinen identifizieren sollte. In letzter Minute siegte die Wahrheitstreue, und ich gestand: »Dieser Kronleuchter ist nicht von mir.« Jetzt ging ein befriedigtes Lächeln durch die Reihen. Man führte mich eine Tür weiter – und tatsächlich, da hing er. Ich erkannte ihn wieder.

Noch heute frage ich mich, ob meine türkischen Gastgeber nur meine Wahrheitsliebe auf die Probe stellen wollten und mir absichtlich einen falschen Kronleuchter gezeigt haben. Sie hätten mich, wenn ich ja gesagt hätte, auf diese Weise leicht der Lüge überführt.

Gott sei Dank war ich standhaft geblieben und hatte dem falschen Kronleuchter mein Bekenntnis zur Vaterschaft verweigert.

Die Moral von der Geschichte: Ehrlich währt am längsten.

Entgegen allem Augenschein gab es im Kösseinerhaus nicht nur gutes fränkisches Landbier, sondern eine im Wanderführer bereits angekündigte gute Linsensuppe. Ich entschied mich gegen den Wanderführer für Fleischkäs mit Sauerkraut. Und um den Namen der Landschaft zu bestätigen, trinke ich dazu Sechsämtertropfen. Denn das Kösseinerhaus liegt im Sechsämterland. So verbindet sich die Liebe zum Alkohol in schönster Weise mit der Nachhilfe für Geographie.

Biographisches

Masuren – meine Toskana.

Das Stadion in Dortmund – so stelle ich mir den Himmel vor.

Übrigens gebar unsere Dickmilchkuh im vorigen Jahr einen kleinen Stier. Byl taufte ihn auf den Namen »Nobbi«. Klein und stämmig ist der junge Stier und von drolligem Aussehen. Auf seinen kurzen Beinen stampft er über die Wiese. Jede Übereinstimmung mit lebenden Personen ist aber rein zufällig. Ich jedenfalls kann nicht der Grund für die Namensgebung gewesen sein. Denn im Gegensatz zu mir hat Nobbi, unser Stier, kurze krause Löckchen zwischen den Hörnern.

Ich schätze die 35-Stunden-Woche so sehr, daß ich bequem zwei von der Sorte in einer Woche unterbringe.

Solange ich Politik mache, werde ich als Risiko bezeichnet.

Kindliche Auseinandersetzungen auf dem Schulhof sind eher von der Körpergröße abhängig als in der Politik.

WIRTSCHAFTLICHES

Zeichnung: Tomicek

Man müßte eine Zündschnur an die bürokratischen Reglementierungen legen, um den Genehmigungs- und Einspruchsperfektionismus wegzusprengen. Eine kleine Kulturrevolution in Sachen Verwaltungsstaat würde uns allen guttun. Und vielleicht könnte der frische Wind des Aufbruchs aus dem Osten Deutschlands kommen. Kafkas Schloß – es steht noch immer in Deutschland.

Der Weg aus der sozialistischen Planwirtschaft ist ein steiniger Weg. Aber er führt aufwärts. Dieser Weg ist allerdings keine Rolltreppe.

In vielen Unternehmensbereichen ist inzwischen die Grenze zwischen schmaler Produktion und Magersucht längst überschritten.

Im Mittelalter hätten sie ganze Bauernheere gebraucht, um Städte zur Aufgabe zu zwingen. Heute brauchen sie nur die Stromversorgung abzustellen, da brauchen sie eigentlich nicht viel Leute dazu.

Wenn vor Ort die Truppe ausfällt, dann nützen ja auch die Generäle und der Generalstab nichts.

Jedes Wochenende ein neuer Vorschlag, eine neue Forderung. Die Menschen wissen gar nicht mehr, was wir schon gemacht haben, was wir wirklich machen wollen und was allenfalls das Etikett einer Schnapsidee verdient.

Was macht man, wenn sich Wege in unbekanntes Neuland auftun? Pioniere mit Mut und entschlossener Phantasie erkunden, erproben das Gelände. Die Kapitäne der Großtanker bleiben derweil in gewohnten Gewässern.

Nur im Neandertal waren die Arbeitsplätze relativ kostenlos. Da genügte ein Steinbeil.

Die kapitalistische Harmonie ist ein Gleichgewicht in Schräglage, ein Schönwettermodell.

Entscheidungsinstanz in einer Marktwirtschaft ist der einzelne Konsument und nicht eine Zuteilungsbehörde. Und trotzdem ist die Marktwirtschaft kein Spiel ohne Grenzen. Wer durch seine Produkte oder Produktionsmethoden in den Lebensbereich anderer eingreift, muß seine Grenzen gezeigt bekommen.

Der Arbeitsminister ist nicht der Stellwerksmeister der Arbeitsplatz-Organisation. Arbeitsplätze entstehen nicht im Arbeitsministerium, sondern in den Betrieben.

Gewerkschaftliche Tarifpolitik ist in Gefahr, zum Hamsterlauf in der Drehtrommel zu werden.

Ich habe noch kein Flugzeug abstürzen sehen, weil es keine geschlechtergetrennten Toiletten gehabt hätte.

Bis einem Unternehmer in Nordrhein-Westfalen Investitionsentscheidungen genehmigt werden, hat er in Portugal schon die ersten Jubilare geehrt.

Wir erfinden das Fax, die Japaner aber produzieren es.

Mit dem Sektglas in der einen und dem Golfschläger in der anderen Hand kommen wir erst gar nicht durch die enge Tür des neuen fernöstlichen Marktes.

Wirtschaftliches

Einem barfüßigen Schuhverkäufer nimmt man keinen Schuh ab.

Wir können doch den Kampf um Arbeitsplätze nicht als Generationskampf organisieren. Diese Verschrottungsmentalität ist nicht nur sozialpolitisch unerträglich, sie ist geradezu ein kultureller Defekt.

Produkte müssen produziert werden. Wer sie nur entwirft, handelt wie ein Gastwirt, der anstelle eines Menüs nur die Speisekarte anbietet.

Bis die großen Tanker eine Kurve ziehen, haben die kleinen Schnellboote schon gedreht. Die Kleinen und Schnellen besiegen die Großen und Langsamen.

Wenn die Japaner die Mikrochips herstellen und wir die Kartoffelchips, sind wir auf dem falschen Gleis.

Unsere Wirtschaftskrise ist, bei Licht betrachtet, eine Kulturkrise. Wir sind in unseren Erfolgsgewohnheiten erstarrt. Die Gewinne von gestern sind das sanfte Ruhekissen, auf dem wir eingeschlafen sind.

Das geht nicht. Einen Wohlstand, wie er nur durch technischen Fortschritt möglich ist, mitzukonsumieren, aber anschließend die Technik madig zu machen.

Ich warte nicht, bis alles möglich ist, ich mache das Mögliche heute.

Bei den Arbeitszeiten gehören wir zu den Ländern, die am stärksten nach den Mustern aus dem 19. Jahrhundert leben: im Gleichschritt marsch!

Betriebstreue ist ein Kapital. Das wissen manche flotte Manager nicht.

Wirtschaftliches

Mancher Großbetrieb hat mehr Bürokratie und Hierarchie als die Behörden.

Bevor wir die Pfeife gestopft haben, hat man sie in Japan schon geraucht.

Mit Blaupausen ist kein Industriestandort zu halten. Das ist Butter ohne Brot! Das wäre, als würde ein Automobilverkäufer seine Kunden auf dem Fahrrad besuchen.

Wenn einem das Wasser bis zum Hals steht, dann soll man keine Lehrgänge abhalten, wie man trockenen Fußes weiterkommt.

Die Vermögensverteilung der letzten Jahre vollzog sich, was den Bereich des Produktivkapitals anbelangt, in Analogie zur Gewohnheit der Tauben, die bekanntlich dahin fliegen, wo schon Tauben sind.

Der Staat soll sich vom Markt fernhalten, so ist es zu hören, wenn die Sonne der Konjunktur scheint. Doch bei den ersten rezessiven Regenschauern wird nach dem Staat gerufen, und dieser Ruf wird dann besonders eindrucks- und wirkungsvoll, wenn er von den großen Unternehmensgiganten ausgesprochen wird.

Eine Gesellschaft, die die Wirtschaft sich selbst überläßt, wird verwirtschaftet werden. Diese Gefahr ist nicht geringer als jene, die durch die Vergesellschaftung der Wirtschaft entstünde.

Angesichts der Grenzen, die durch Rohstoff- und Energievorräte, Bevölkerungswachstum und Umweltbelastung sichtbar werden, verliert die aggressive Wachstumsidee ihre frühere Plausibilität.

Wirtschaftliches

Olympiareife Belegschaften sind Ausdruck einer zunehmenden Altersabwertung in den Betrieben. Unsere Gesellschaft darf sich den Zynismus einer Altersverschrottung nicht länger leisten.

Eine Gesellschaft mit einer kleinen Gruppe zufriedener Arbeitsbesitzer, einer großen Gruppe unzufriedener Jobber, die ständig auf der Suche nach Möglichkeiten zum Aussteigen sind, einer großen Gruppe von Zwangsaussteigern und einer ständig wachsenden Gruppe von Wahlaussteigern birgt so viel Sprengstoff für den sozialen Frieden in sich, daß die Explosion nur noch eine Frage der Zeit ist.

Stumpfsinnig sechstausend Schrauben in einer Schicht anzuziehen, das kann nicht gemeint sein, wenn die Bibel die Arbeiter zu Koproduzenten der Schöpfung machen will.

Arbeit soll ein Stück genießbarer Freiheit sein.

Der Klassenkampf zwischen Arbeitsbesitzern und Arbeitslosen wird in seiner Härte den Kämpfen zwischen Kapital und Arbeit nicht nachstehen, und die neuen Etablierten können so erbarmungslos sein wie die alten.

Ohne Arbeit ist das Kapital wertlos, und ohne Kapital ist die Arbeit um ihre Wirkung gebracht.

Wenn einmal fünf große Konzerne alles unter sich ausmachen, brauchen wir keine Verstaatlichung mehr. Das machen die mit dem Telefon untereinander.

NÄRRISCHES

Zeichnung: Horst Haitzinger

Närrisches

Wir Deutschen, das weiß alle Welt, lieben die Ordnung. Keine Sache, die vor unserem alles regulierenden Ordnungssinn sicher wäre. Alles bekommt seinen festen Platz, und das zur rechten Zeit. Deutsche dürfen nicht einkaufen, wann sie wollen, sie dürfen auch nicht arbeiten, wann sie wollen. Selbst ein Lagerfeuer darf nicht zu jeder Jahreszeit lodern.

Wen will es wundern, daß selbst dem Humor – Ordnung muß schließlich sein – ein fester Platz im Jahreskreis zugeordnet wird. Pünktlich am 11. 11. um 11 Uhr 11 beginnt es wieder, das Quartal von Frohsinn und Ausgelassenheit, von Witz, Klamauk und Blödelei. Kurzum: Es ist wieder Karneval (Fasching, Fastnacht etc.).

**Norbert Blüm
bei der Verleihung des
»Ordens wider den tierischen Ernst«**

*Als erster schrieb mir Helmut Kohl:
Mein lieber Norbert, sehr zum Wohl
mit einem Tropfen aus der Pfalz!
Trag deinen Orden stets am Hals,
damit ihn sieht die ält'ste Tante
voll Stolz in diesem uns'rem Lande.
Doch denk daran und sei nit dumm:
Dreh diesen Orden öfters um,
damit der Mann im letzten Glied
auch endlich mal die Wende sieht.*

*Es kam, das hat mich sehr gefreut,
auch ein Paket aus Wildbad-Kreuth.
Weiß-blau kariert und bunt gelackt,
das hab ich freudig ausgepackt.
Erst kam ein Stoiberchen aus Tölz,
dann Sägemehl aus Berggehölz
un' Bayrisch-Moos vom Tegernsee,
doch nirgends war ein Brief zu seh'.
Doch als ich dann im Päckche unne
drei Gläser Weißwurschtsenf gefunne,*

und endlich die Bescherung sah –
da war mir auch der Spender klar:
Franz-Josef und die CSU
gibt überall ihr'n Senf dazu!

Dann kam ein Brief mit viel Parfüm:
»Mein heißgeliebter Norbert Blüm!
Du bist der Liebling aller Frauen
mit Deinen Locken, Deinen grauen!
Du ahnst nicht, daß ich Dich verehr'!
Ist wieder mal das Plenum leer,
versuch auch Du mal zu entweichen
um Deinen Orden mir zu zeigen.
Es wartet auf dem Bettvorleger
in Liebe Deine Ingrid Steeger.«

Drum bleibt im Leben Optimisten!
Laßt uns den Alltag überlisten
und tragt der Narrheit bunt' Kostüm.
Das wünscht Euch Euer Norbert Blüm.

Ich finde sehr gut, daß das Jahr nicht 365 Tage Karneval hat, aber daß man ab und zu mal die Wutz aus dem Stall läßt, finde ich hilfreich.

Ein ganzes Jahr Karneval wäre unerträglich, ein ganzes Jahr ohne Karneval aber auch.

SOZIALES

Zeichnung: Klaus Espermüller

Soziales

Das neue Gesicht der Armut heißt Einsamkeit, heißt Verlassenheit, heißt Angst, keine Nachbarn, keine Familie mehr zu haben. In einer Gesellschaft, wo das Individuum alles und die Gemeinschaft nichts ist, sind die größte Gefahr der Egoismus und die Armut durch Mangel an Zuwendung.

Der Sozialstaat ist ins Gerede gekommen. In deutscher Gründlichkeit sind wir dabei, das Kind mit dem Bade auszuschütten. Die Lust am sozialpolitischen Hausputz kann nämlich dazu führen, daß ganz nebenbei auch der demokratische Rechtsstaat beschädigt wird.

Bei der beitragsfinanzierten Rente schadet der Schwarzarbeiter seinem eigenen Rentenanspruch. Schwarzarbeit bei Grundrente ist hingegen völlig unschädlich, weil ohnehin jeder seinen Schlag aus der Gulaschkanone bekommt.

Den Gewerkschaften sage ich, es muß gespart werden, weil die Beitragslasten von Arbeitnehmern und Arbeitgebern sowenig wie Bäume in den Himmel wachsen können. Die Arbeitgeber erinnere ich, daß der Sozialstaat ein Stabilitätsfaktor des Wirtschaftsstandortes Deutschland ist und man ihn nicht kurz und klein schlagen kann. Ich muß darauf achten, daß ich bei den gegensätzlichen Protestveranstaltungen nicht meine Manuskripte verwechsele.

Wenn man draußen gearbeitet hat, weiß man, daß es im Winter kälter ist als im Sommer und daß es unangenehmer ist, im Winter zu arbeiten als im Sommer. Nur in vollklimatisierten Parlamentsgebäuden merkt man den Unterschied nicht. Die Maurer kennen den Unterschied.

Auch ich träume gern unter Palmen, wenn ich weiß, daß der Rettungswagen der sozialen Sicherung schon unterwegs ist.

Die sonntags am lautesten auf ihren Festveranstaltungen gegen die Lohnnebenkosten schreien, organisieren zwischen Montag und Freitag eine Welle der Frühverrentung, daß der Sozialpolitik Hören und Sehen vergeht.

Am Buß- und Bettag lassen die Kirchen die Posaunen gegen die Abschaffung des Feiertags erschallen. Am Donnerstag danach beschweren sich die Arbeitgeber über 1,7 Prozent Beitrag zur Pflegeversicherung, als wäre nie ein Feiertag zur Entlastung der Wirtschaft abgeschafft worden.

Wenn die evangelische Kirche zur Pflegeversicherung so viele schöne Lieder gesungen hätte wie zum Buß- und Bettag, wäre auch ich zufriedener gewesen.

Mein Firmenschild wird nicht die Spendierhose sein, sondern eher die Opferbüchse.

Nicht jede Traurigkeit kann auf Krankenschein behandelt werden. Die Krankenversicherung kann nicht die allgemeine Lebens- und Leidensversicherung der Gesellschaft sein.

Ich entnehme Sozialpolitik nicht fernen Lehrbüchern, sondern der Erfahrung.

Der heilige Martin hatte nicht erst Verteilungstheorie studiert, bevor er seinen Mantel teilte.

Der Samariter hat geholfen und nicht den Bericht einer Enquetekommission abgewartet, welche die Unfallursachen auf der Strecke Jericho–Jerusalem analysierte.

Wir brauchen die Kraft der sozialen Partnerschaft gerade jetzt, da die Zeiten schwieriger werden. Deshalb dürfen wir sie nicht den Rambos überlassen.

Soziales

Auch ein Alternativer wird auf Dauer nicht ohne soziale Absicherung, nicht ohne Lohnfortzahlung im Krankheitsfall, nicht ohne Rentenanwartschaft, nicht ohne Krankenversicherung, nicht ohne Strom und Straße bleiben wollen und können. Und das alles kommt nicht vom lieben Gott, sondern von den Beitrags- und Steuerzahlern.

Wir sind ein Spitzenreiter in Sachen friedliche Beziehungen von Arbeitnehmern und Arbeitgebern. Das ist ein Standortvorteil, den wir auch gemeinsam unter die Leute bringen müssen. Vom Himmel ist er nicht gefallen, und geschenkt wird er auch niemandem. Man kann nicht Rambo spielen und gleichzeitig sozialen Frieden haben.

Sie werden, wenn Sie nur geben, bald niemanden mehr haben, dem Sie etwas nehmen können.

Warum lassen ganze Bataillone junger Wehrpflichtiger ihre Kampfanzüge nicht in der (kostenlosen) Bundeswehrwäscherei reinigen, sondern am Wochenende von ihren Müttern? Wieviel weniger würde eine Familie akzeptieren, daß ihre gesamte Wäsche in der Schnellreinigung gepflegt würde? Das ist nicht nur eine Frage der Finanzierbarkeit. Eine solche Junggesellenkultur ist einfach unter Familienniveau.

Der Familientisch, auf den die Mutter ihr Sonntagsmenü zaubert oder der Vater das Gegrillte serviert, meinetwegen auch die stereotypen Spiegeleier – er ist ein Mittelpunkt unserer Kultur.

Wenn also die Bedürfnisse der Mütter und die Realitäten unserer Gesellschaft im Widerspruch stehen, sollen wir dann die Mütter ändern?

Soziales 51

Zeichnung: Schöpper

Der Sozialstaat ist keine Kirmesbude, die nach Belieben auf- und abgeschlagen werden kann. Der Sozialstaat ist ein festes Haus, das zwar renoviert werden muß, aber nicht deformiert werden darf.

Die größte Sicherheit ist die größte Unsicherheit. Wenn wir alles absichern, wird überhaupt nichts passieren.

POLITISCHES

Blüm und die Rentenlücke

Zeichnung: Klaus Pielert

Ich bin eins von den Objekten der allgemeinen Volksbelustigung: ein Politiker. Ich beschwere mich nicht. Meinen Job habe ich mir selber ausgesucht. Aber ich entschuldige mich auch nicht.

Nation eignet sich nur noch als Scharnierbegriff zwischen europäischer Integration und regionaler Verankerung. Deutschlands Föderalismus ist europäisch-progressiv.

Goethe hat dem wackeren Ritter in einem Drama ein Denkmal gesetzt, aus dem einer der beliebten Sprüche des deutschen Volkes stammt: »Wo viel Licht ist, ist auch viel Schatten.« Es soll auch ein anderer Kraftspruch aus diesem Schauspiel stammen. Leider kenne ich ihn nicht, obwohl mich manchmal in Bonn die dazugehörige Stimmung überfällt.

Das Bild, das die Proklamation des Deutschen Reiches 1870 in Erinnerung bringt, stammt aus dem Spiegelsaal von Versailles. Es zeigt Ordensbrüste, Säbel, Degen der Potentaten der Obrigkeit. Die Bilder der Wiedervereinigung 1990 zeigen ein Volk, das sich mit Freudentränen in den Armen liegt. Das ist der Unterschied zwischen Einheit 1870 und Einheit 1990.

1523 veröffentlichte Hans Sachs sein Gedicht »Die wittenbergische Nachtigall« und macht mutig für Martin Luther Propaganda. Ja, die Intellektuellen standen schon immer auf seiten der Opposition.

Bei uns gehört die allgemeine Politikerbeschimpfung inzwischen zum amüsanten Zeitvertreib. Und selbst wenn auf einer Party die Stimmung in Langeweile zu kippen droht, Reden über Politiker hält wach und gibt dem Small talk wieder Stoff für schöne, sektglasbewaffnete Süffisanz.

Die Rente eignet sich nicht als Waffe im Parteienkampf. Wer die Rentenversicherung als Wahlkampfknüppel mißbraucht, schürt Lebensangst und versündigt sich an der älteren Generation.

Ich bin mein Geld wert. Ich würde es auch für weniger machen. Aber warum denn? So nützlich wie jeder Sparkassendirektor und mittelmäßige Bundesligafußballspieler bin ich auch.

Parteien werden der Frage nach ihren Grundsätzen nicht ausweichen können. Sie sind kein Versandhaus der Gefälligkeit.

Es gibt ihn leider nicht, den parteilosen Standpunkt. Nur der liebe Gott hat sich von dieser Beschränkung frei gemacht. Wir sind immer an einen Standort gebunden und sehen alles durch eine Perspektive beschränkt. Wir sind deshalb immer Partei, allein oder im Haufen.

Der liebe Gott bewahre uns vor Fanatikern in der Politik. Eine christliche Politik weiß nicht alles besser. Eine bescheidene CDU begnügt sich mit vorletzten Entscheidungen und überläßt die letzten dem Jüngsten Gericht.

Zwischen Regionalisierung und Globalisierung ist der Nationalstaat das Scharnier.

Je lauter der Ruf nach Reformen, desto geringer der Mut, sie durchzusetzen und öffentlich zu vertreten.

Politische Bescheidenheit ist die Bedingung des offenen Dialogs, der sich allerdings vom Palaver dadurch unterscheidet, daß er das Gerede nicht schon für das Ergebnis hält.

Politisches

Prinzipielle und pragmatische Politik können nicht im Sinne einer Arbeitsteilung auf Gruppen in der Partei verteilt werden nach dem Motto: die Grundsätze für die Sonntagsredner, die handfeste Politik für den Werktagsarbeiter, und beide haben so wenig miteinander zu tun wie der Sonntag mit den sechs anderen Werktagen.

Wende ist ein Wort, in dem die Erwartungen an unsere Regierungen sich niederschlugen. »Wende« wurde auf jeder Ebene beschworen, vom Stammtisch bis zum Akademiepodium. Mir war das, was das Wort bezeichnen sollte, immer etwas zu akrobatisch. Ich ziehe lieber in einer großen Kurve am Abgrund vorbei, als mich nach rasanter Vollbremsung rückwärts von der Absturzstelle zu entfernen.

Die Parteien stehen in der Versuchung, zur Fortsetzung der Verbände mit anderen Mitteln zu degenerieren.

Parteien, Parlament und Regierungen bedürfen einer neuen Kraftanstrengung zu einer Souveränität, die uns vor einer meinungsbefragten Liebedienerei vor den Königsthronen der medienstarken Verbände bewahrt.

Wo die Gemeinsamkeit im positiven Ziel schwindet, wird die Gemeinsamkeit in der Ablehnung gesucht.

Eine sozialpartnerschaftliche Friedensordnung verlangt die Bereitschaft, auch mit dem Kopf des anderen zu denken. Diese Aufgabe kann nicht der Staat übernehmen.

Humor und Witz gehören in die Politik. Sie stutzen politisches Gehabe auf menschliches Maß.

Politisches

Ein Kunstschmied unterscheidet sich ja vom Hufschmied dadurch, daß er sehr feingliedrige Arbeiten zu vollbringen hat. Ein Teil der politischen Auseinandersetzung ist leider nicht so feingliedrig, sondern erinnert mehr an den Hufschmied als an den Kunstschmied.

In der Politik verstehe ich mich wie einer im modernen Fußball, der auf allen Posten verwendbar ist. Ich liebe die Position dort, wo der Ball ist.

Abseits ist, wenn man sich hinter den gegnerischen Linien befindet. Das kommt allerdings in der Politik häufiger vor. In der Politik bin ich ein viel gefürchteter Abseitsspieler.

Politik ist jedoch ein Handwerk, kein Mundwerk.

Die SPD will bessere Melkmaschinen, wir wollen die besseren Kühe.

Die Grünen saugen das Wirtstier SPD aus.

Adam Riese konnte niemals Mitglied der Sozialdemokratischen Partei sein: das ist bekannt.

Politiker dürfen nie etwas heimlich tun. Wenn sie schon Fehler haben, dann sollen sie sich dazu bekennen!

Auf Paragraphen allein kann man sich nicht verlassen. Das Leben kennt immer mindestens einen Fall mehr, als sich Gesetzesperfektionisten ausdenken können.

Die Grünen sind die Rache des Bürgertums an der Arbeiterbewegung.

Eine Volkspartei ist kein Ikebana, sondern ein Feldblumenstrauß.

Welches Vergnügen soll es heute machen, den toten Löwen des Sozialismus am Schwanz zu ziehen?

Es ist nichts anderes als ein Alibi, mit dem der Staatsbürger seine Untätigkeit verdecken will, wenn er sagt, wir hätten kein Recht, uns um das Unrecht in der Welt zu kümmern, weil unsere Geschichte selbst blutbefleckt und schuldbeladen ist.

Zum ersten Mal in der Geschichte der Menschheit ist die reale Chance gegeben, daß sich eine öffentliche Meinung in weltumspannendem Sinne bildet. Der Marktplatz, auf dem die Meinungen ausgetauscht werden, ist der Globus.

Alle großen Worte gelten nichts vor dem Recht auf Glück, das jeder Mensch besitzt. Es gibt keinen Zweck, der den Menschen als Mittel verbrauchen dürfte.

Die Arbeiterbewegung in Deutschland wird die in sie gesetzten Erwartungen nicht erfüllen, wenn sie sich lediglich als die Fortsetzung der SPD mit anderen Mitteln versteht.

Paragraphen sind nur die eine Seite des Lebens, die wichtigere ist der Geist, mit dem Gesetze erfüllt werden.

Wer eine Handgranate während einer Diskussion in der Tasche hat, scheidet aus der Diskussion aus. Er braucht mir nicht zu erklären, wie vernünftig sein Anliegen ist, denn es kann nicht vernünftig sein, wenn er dazu eine Handgranate benutzt.

Politisches

Eine Freiheit, von der Dschingis-Khan, Karl der Große, Pius XII. und Vico Torriani gleichermaßen betroffen werden, ist politisch mehr durch Leere als durch Inhalt ausgezeichnet.

Der Weg zwischen Kapitalismus und Sozialismus ähnelt eher dem Vorhaben, zwischen Mühlsteinen durchzukommen.

Oft wird das Ahlener Programm der CDU wie eine exotische Pflanze dargestellt. Bei näherem Hinsehen jedoch zeigt sich, daß es eher das Abklingen als den Höhepunkt der sozialen Grundwelle der CDU darstellt.

Seitdem das Marketing die Politik erreicht hat, sind manche in Gefahr, ein neues Wort schon für die Lösung eines neuen Problems zu halten.

Auch Schriftsteller können durch die Wirklichkeit dementiert werden. Wer auftritt wie der Nachrichtensprecher des lieben Gottes, der nicht nur alles, sondern alles besser weiß, darf sich nicht wundern, wenn höchst irdische Schadenfreude seine Falschmeldungen begleitet.

Es bekommt der Literatur immer schlecht, wenn sie sich einer Partei, und sei es einer linken, an den Hals wirft. Sie gerät ins Schlepptau schneller als ihr lieb ist und findet die Kehrtwendung nicht, wenn es gilt, gegen die Fahrtrichtung zu steuern.

ND

GESELLSCHAFTKRITISCHES

Zeichnung: Klaus Pielert

Westliche Halsabschneider sind die Nachfolger ostdeutscher Mauerbauer: beide Volksverächter.

Soviel können wir gar nicht vom Glück der deutschen Einheit reden, wie diese Miniaturimperialisten in wenigen Stunden verderben können.

Den Alchimisten riet Paracelsus, genannt mit dem schönen Namen Theophrastus Bombastus von Hohenheim: »Machet nicht Gold, sondern Medizin.« Seinen Nachfahren möchte man heute zurufen: »Machet nicht Geld, sondern Heilung.«

Nicht Aug' in Auge, sondern Knopfdruck gegen Knopfdruck wird Feindschaft im Maschinenzeitalter ausgetragen.

Ich sehe die Wurzeln der Anonymität im Verlangen nach absoluter Gleichheit und in der Sehnsucht nach bedingungsloser Selbstverwirklichung.

Der Patient, der das Großklinikum betritt, schrumpft bald auf Lochkartenformat. Nicht der kranke Mensch, sondern ein reparaturbedürftiger Organismus ist Behandlungsgegenstand in der Gesundheitsfabrik. Blinddarm auf Zimmer 1218!

Kafkas Hölle ist noch nicht erreicht. Aber die Anonymität breitet sich aus und frißt sich tiefer ins Leben ein. Wie wäre es, wenn man das Höllenfeuer als kalte Anonymität und eine perfekt verwaltete Welt als Einübung ins Vergessen begreifen würde?

Aber auch der Mißbrauch enthebt uns nicht von der Suche nach dem rechten Gebrauch. Obwohl die Luft schmutzig ist, können wir nicht auf das Atmen verzichten, und weil im Rhein Menschen ertrunken sind, dürfen wir nicht das Wasser verbieten.

Der Ton in der Familie heute bestimmt die Musik in der Gesellschaft morgen.

Gesellschaftskritisches

Uniformierung verbreitet Langeweile.

Im Rat der Großmutter ist möglicherweise mehr Weisheit enthalten als in der Wissenschaft der 30jährigen Sozialexpertin, die der 40jährigen Mutter erklärt, wie sie ihr 6. Kind erziehen soll.

Ein Lagerfeuer ist durch die Lektüre von Karl May nicht zu ersetzen.

Der alte Bauer hätte nie zu einem von der Reichsversicherungsordnung vorausbestimmten Termin die Mistgabel fallen lassen und sich aus der Erwerbsarbeit abgemeldet. Er zog sich Schritt für Schritt zurück. Der alte Handwerksmeister tat es ihm gleich. Erst das Industriezeitalter schottete die Lebensabschnitte schroff gegeneinander ab. Wir schalten Menschen bei Erreichung der »Altersgrenze« ab und organisieren so ein Leben nach gesetzlichem Schaltplan. Das Verfahren paßt besser zu Maschinen als zu Menschen.

Auch Armut ist kein Grund zur Gewalt. Wollen Sie denn bei Massenelend die ganze Welt in Flammen setzen? Soll denn das Massenelend durch Krieg und Gewalt beseitigt werden? Der Weg der Gerechtigkeit ist nicht der Weg der Gewalt.

Es muß einen Tag geben, der anders ist als sechs graue Arbeitstage.

Man redet leicht über Sachen, die man nicht durchführt.

Bis zum 30. Lebensjahr im Sandkasten der Theorie mit ihrem Gießkännchen herumhantieren, ohne jemals den Ernstfall des Lebens kennengelernt zu haben. Da muß ja jemand verrückt werden.

Gesellschaftskritisches 73

Auch das Gebäude der Rechte besteht aus Elementen, die in Konflikt geraten können. Elternrecht ist ein hohes Recht, aber kein absolutes Recht. Wenn ich meinen Sohn von der Rheinbrücke herab ins Wasser werfe, verfolge ich zwar mein Elternrecht, nur steht in diesem Falle ein höheres Recht diesem entgegen, das Recht auf Leben, das mein Sohn besitzt.

Die Antwort auf den Streß der Leistungsgesellschaft ist weder Schlaraffenland noch Nirwana, sondern die Fähigkeit, zwischen verschiedenen Ansprüchen zu wechseln, Arbeit und Muße, Genuß und Leistung kooperieren miteinander, indem sie sich ergänzen.

Das Erscheinungsbild unserer Gesellschaft wird nicht mehr durch die Kluft zwischen den Nachkommen des Lazarus und der Prasser in Unordnung gebracht.

Man fühlt sich erst wohl, wenn man auf jemand herabblicken kann. Die Gastarbeiter erfüllen dieses Bedürfnis.

Wir müssen darauf achten, daß das Leitbild Jugendlichkeit nicht den Blick auf die Gebrechlichen und Leistungsunfähigen versperrt.

In vielen Fällen hat die Verweigerung von Kindern keine materiellen Gründe. Sie ist das Ergebnis einer Selbstverwirklichungsanthropologie, die als Alleinverwirklichung mißverstanden wird.

Wir sind in einer Gesellschaft, die nur nehmen will und nicht geben, die nur sucht, wo etwas zu nörgeln ist.

Wir brauchen ein Bildungssystem, das nicht auf das erste Drittel des Lebens beschränkt bleibt.

Gesellschaftskritisches

Armut kann auch Mangel an sozialen Kontakten sein.

Der Kranke läßt sich nicht auf Einzelteile reduzieren. Der Ruf nach Rückkehr des Menschen in die Medizin wird laut.

Im Zeitalter der Überschallgeschwindigkeit sind wir alle Nachbarn.

Keine Emanzipation der Welt hat es bisher geschafft, Vater und Mutter zu vertauschen. Obwohl schon versucht wird, die Eltern überflüssig zu machen.

Wir wollen mehr Wahlfreiheit in der Aufgabenverteilung zwischen Mann und Frau. Aber die Wahlfreiheit hat ihre Grenzen in natürlichen Unterschieden. Männer können nicht Mutter werden!

Mit hängender Zunge hetzen hinter dem Zug, der von der Familie wegführt, die Modernitätsverspäteten her. Sie erreichen bestenfalls den letzten Wagen und merken nicht, daß er schon gar keine Lokomotive mehr hat. Es ist nicht alles modern, was schick ist. Familie ist nicht Rückschritt und Mütterlichkeit nicht reaktionär.

Gesellschaftskritisches

Was für das Tier die Instinkte, das sind für den Menschen die Institutionen. Sie sind Entlastungseinrichtungen. Wo kämen wir hin, wenn wir etwa jeden Morgen neu bestimmen müßten, wer denn »die« Frau und »der« Mann fürs Leben sei: Die Institution Ehe hat uns den Zwang zur permanenten Entscheidung abgenommen.

Zeichnung: Klaus Böhle

Daß alle Menschen Kinder Gottes sind, das halte ich für die stärkste Verankerung des Gleichheitsgrundsatzes.

Im Angriff auf die Familie vollzieht sich ein Stück Rebarbarisierung. Die neuen Hunnen kommen nicht auf Pferden und mit Kampfgeschrei daher. Auf den Schleichwegen eines Fortschritts, der sich als Emanzipation verkleidet, unterminieren sie die Familie.

Die Eliminierung der Schuldfrage erweist sich in vielen Fällen als Entzug des Schutzes für den Schwächeren und der Versorgungsausgleich in manchen Fällen als die Weglaufprämie bzw. der Finderlohn für den neuen Partner.

Es ist schon fast rührend, wie jene, die unentwegt gegen die Härte der Leistungsgesellschaft zu Felde ziehen, offenbar nicht ruhen und rasten, bis auch die letzte Hausfrau in den »Genuß« der Erwerbszwänge gekommen ist.

Zu einem familienpolitischen Pessimismus besteht kein Anlaß. Die Suche nach einer neuen Geborgenheit im Angesicht der unerfüllten Versprechungen technokratischer Großorganisationen könnte in der Familie ihr Ziel finden und den Anstoß für einen neuen Aufschwung der Familie geben. Größe hängt der nachwachsenden Generation zum Hals heraus. Sie sucht die Geborgenheit der kleinen Gemeinschaft. Für Kollektivisten, Technokraten und Nivellierer blüht kein Weizen. So könnte die Bedrohung durch Bürokratisierung und Anonymität umschlagen in neue Hoffnungen, die sich mit der Familie verknüpfen.

Das Verhältnis von Eltern und Kindern hat keine Verwandtschaft mit den Beziehungen zwischen Tarifpartnern.

Ob rechts oder links überholt wird, kann nicht von Fall zu Fall ausgemacht werden. Ungefragte Konvention ist der Ersatz für permanenten Konsens.

Der Christoph Kolumbus, der hätte von mancher deutschen Großbank keinen Kredit bekommen. Der konnte gar nicht die Fahrtroute genau angeben, wohin er wollte, ihm war nicht klar, ob der Proviant überhaupt langte.

Unter den jetzigen Gegebenheiten unseres Steuer- und Sozialsystems ist Kinderreichtum eine wirtschaftliche Dummheit.

Was wäre uns seinerzeit passiert, wenn die Mutter am Kinderbett nicht gesungen hätte: »Maikäfer, flieg, dein Vater ist im Krieg«, sondern »Maikäfer, flieg, deine Bezugsperson ist im Krieg?«

Wir können nicht mit zweierlei Strafen arbeiten: die Mutter, die ihr Kind abtreibt, durch Gesetz bestrafen, und die Mutter verachten, die es austrägt.

Gesellschaftskritisches

Der Begriff »unehelicher Vater« ist so gut wie unbekannt. Wieso eigentlich?

Wieso hat die Gesellschaft hier zwei Platzkarten verteilt? Der Vater ist in dieser Frage moralisch genauso gefordert wie die Mutter.

Der Staat ist mehr als das Notariat von Interessen: Diese Einsicht dämmert langsam wieder. Und gesellschaftliche Ordnungsfragen sind mehr als die Turnierspiele der Akademien.

»Jeder ist sich selbst der Nächste.« Dieses Single-Programm ist der Ruin der Gemeinschaft. Ohne Gemeinschaft aber ist der Mensch nicht überlebensfähig und auch die Demokratie nicht.

Wie die Alten und Jungen miteinander umgehen und auskommen, das entscheidet über die Kultur, die Humanität einer Gesellschaft.

Jetzt ist offenbar die Zeit der dicken Backen. Jeden Tag wird herumgeballert, als befänden wir uns in einem Wildwestfilm-Studio.

Menschen sind keine Gepäckstücke. Heimat und vertraute Umgebung wechselt man nicht wie Hemden.

Wenn Sozialstaat nur Zufriedenheit bedeutet, dann beginnt bei der Erbsubstanz, lest Exemplare aus, die zur Fortpflanzung vorgesehen sind, manipuliert Menschen! Möglich ist das alles. Nur einen Preis müssen wir bezahlen: Auf Freiheit müssen wir verzichten.

Ist die Freiheit in ihrer Vollendung die Freiheit ohne jede Bedingung, ohne jede Vorgegebenheit? Dann wäre der Idiot der freieste Mensch.

Gesellschaftskritisches

Wenn gleiche Chancen in Ergebnisgleichheit einmünden, ist es keine Chancengleichheit. Ich glaube, daß es ein Minimum an Chancengleichheit geben muß, damit die Ergebnisse freier Entscheidungen, auch eines Leistungswettbewerbs, akzeptabel bleiben; daß die Leistungsgerechtigkeit plausibel bleibt. Ein Leistungsvergleich, bei dem der eine zwei Kilometer Vorsprung hat und der andere eine Kugel ans Bein gebunden erhält, wird nicht als ein leistungsgerechter Laufwettbewerb akzeptiert werden. Es bedarf eines Minimums an Chancengleichheit.

Die europäische Geistesgeschichte wäre ganz anders geschrieben worden, hätte sie nicht wesentliche Beiträge von Menschen erhalten, die in bürokratischen Dimensionen des Sozialstaates als benachteiligt anzusehen waren. Beethoven hat die 9. Sinfonie als Tauber geschrieben, Homer die Odyssee als Blinder, Kant wäre mit Sicherheit in den Besitz des Schwerbehindertenausweises gekommen.

Wir haben Behindertenbegriffe, in denen Alterserscheinungen als Prozentpunkte für den Behindertenausweis gelten.

Der 28jährige Zehnkämpfer, olympiareif, das ist die Vollform des Menschen, und wer nicht 100 Meter in 13 Sekunden läuft, der gilt als Außenseiter.

Kohlekraftwerke sind zu schmutzig. Atomkraftwerke zu gefährlich. Ja was denn? Wollt ihr mit Sonnenöl, mit Salatöl den Hochofen heizen?

Das Ozonloch ist schließlich kein nationalstaatlicher Defekt, es ist eher ein Leck in der Weltraumfähre Erde, deren gemeinsame Besatzung wir sind.

Und wehe uns, wenn die Politik sich anschickt, auch noch die allgemeine Glücksverwaltung zu übernehmen.

Ich sehe in dieser Verweigerung von Güterabwägung, auch im Sozialstaat, eine Verweigerung der Realität, einen Ausstieg aus der Wirklichkeit. Das ist die alte Versuchung, die Erde mit dem Himmel zu verwechseln, die alte Versuchung, die eigene schöne Seele für den Kosmos der Welt zu halten.

Niemand ist mehr für sich zuständig, alle Lösungen werden von anderen erwartet. Wir sind auf dem Weg in eine therapeutische Gesellschaft.

Die Diagnostiker der Politik haben ihr Hauptlager in der öffentlichen Meinung. Es genügt dem Kommentator, die Ursachen der Übel zu benennen. Wie sie beseitigt werden können, interessiert weniger. Denn dann, ja dann müßte man sich ins Detail begeben und möglicherweise Alternativen ausschließen.

Mit etwas Moralin angereichert und mit Betroffenheitspathos untersetzt, genügt unserer Öffentlichkeit die Benennung des Übels und nötigenfalls der Ziele. Den Weg zwischen Übel und Ziel überläßt man der Politik.

Die Vernunft muß ersetzen, was der Überlebenswille in der Vergangenheit besorgte. Nur: Die Vernunft ist ein Waisenkind im Interessengerangel. Lautstärke wird mit dem Gewicht der Argumente verwechselt.

Wir haben es mit einem umherschweifenden Einfallsreichtum zu tun, dem die Unfähigkeit anhaftet, an einem Konzept festzumachen. Es fehlt nicht an Einfällen und Einwänden.

Wir schlürfen die Katastrophen wie die Cocktails und richten uns, sozial gesichert, manchmal sogar beamtenhaft abgestützt, im Untergang ein. Das neue Gesellschaftsspiel heißt: »Titanic im Trockendock«.

Gesellschaftskritisches

Es ist leichter, Worte auszuwechseln als Besitzstände anzugehen.

Lange Zeit haben die Kabarettisten ihren Spott über die Ja-Sager ausgegossen. Vielleicht übernehmen bald die Nein-Sager die Rolle der Opportunisten. Es wird bequemer, nein zu sagen. Was alles nicht gemacht werden darf, läßt sich schnellzüngig aufzählen. Einsprüche sind wohlfeil. Zustimmung wird zur Mutprobe.

Klagen und Protestieren ist eine schicke, lukrative gesellschaftliche Unterhaltung geworden.

Es ist eine neue Erlebnisgesellschaft, von anderen alles zu erwarten und selber nichts beizutragen.

Pluralismus ist nicht der Naturschutzpark des Gruppenegoismus.

Die Verbände übernehmen die Herrschaft. Und der Staat wird zum Notar, der lediglich das Ergebnis der Kungelei beglaubigt. Das Gemeinwohl geht ins Exil.

Der Staat ist mehr als die Aneinanderreihung von Verbänden. Und das Gemeinwohl ist mehr als der Katalog der Forderungen.

Recht hat nicht der, der am lautesten schreit.

Was früher zur Behebung von verbreitetem Elend erforderlich war, muß in einer Zeit des Massenwohlstands nicht notwendig sinnvoll bleiben. Denn eine Beibehaltung eines immer gleichen Maßstabes hieße nicht allein, uns fälschlich zu einer Gesellschaft der Elenden umzudeuten, sondern würde Umverteilung im Kreisverkehr organisieren: von den Gutsituierten zu den Wohlhabenden, von der rechten in die linke Tasche derselben Hose.

Gesellschaftskritisches

Wie sollte denn eine Übergangslösung bei der Schuldknechtschaft von Kindern in der dritten Welt aussehen? Soll es vielleicht einen sklavenfreien Tag geben oder wie?

Wie soll die Übergangslösung bei Kinderarbeit im Bergbau aussehen? Sollen die Stollen statt 90 Zentimeter 1,20 Meter hoch sein, damit auch ein paar ältere Kinder durchkommen? Da gibt es nur Verbieten.

Rente ist eine der großen Solidarleistungen. Sie ist mehr als eine Verteilungsmaschine, und sie bietet mehr als materielle Sicherheit. Sie ist gestaltgewordene Generationensolidarität.

Im Verhältnis zu den Alten offenbart sich die Kultur jeder Zeit. »Du sollst Vater und Mutter ehren, auf daß du lange lebst auf Erden.« Das ist uns nicht nur ein biblisches Gebot, sondern eine Volksweisheit, gespeist aus der Erfahrung von Jahrhunderten.

Die Rente ist Generationenwiderstand gegen die Versuchung zum Egoismus.

Jugend wird zum Maßstab des Lebens. Alter ist nicht gesucht. Die Alten suchen in der Maske der Jüngeren ihre Chance. Selbst 80jährige verkleiden sich, als seien sie gerade der Tanzstunde entlaufen.

Die Lage der Alten ist differenziert und mit dem Einheitsbegriff »Ruhestand« nur ungenügend beschrieben. Die einen wollen helfen und dürfen nicht. Die anderen brauchen Hilfe und bekommen sie nicht.

Großmutter und Großvater können ohne Diplom an der Erziehung der Jungen teilnehmen. Ihre Prüfung war das Leben. In der Entwicklungshilfe, im Bildungswesen, im Sozialdienst, im kulturellen Leben – überall schreit es nach Hilfe mit Erfahrung, und wir lassen die wichtigste Erfahrungsressource brachliegen: das Alter. Welche Vergeudung!

Gesellschaftskritisches

Als Pflegefall werden die Alten zum Sozialfall, und mit dem von der Sozialhilfe gewährten Taschengeld fallen sie auf den sozialen Status ihrer Kindheit zurück. Damals erhielten sie elterlicherseits »Sonntagsgeld«, so hieß dies vor Zeiten; jetzt – sechzig, siebzig oder achtzig Jahre später – erhalten sie sozialamtliches Taschengeld. Damals waren sie noch nicht volljährig, jetzt scheinbar nicht mehr. Pflegebedürftigkeit hierzulande trägt die Züge von Entmündigung.

Alterseinsamkeit ist die späte Bescherung für die junge Selbstverwirklichung ohne Solidarität.

In einer zukunftswütigen Welt haben wir es schwer, mit dem Alter zurechtzukommen. In den Engpässen einer Gegenwart, die in futurologische Traumschlösser auswandert, die Gegenwart bestenfalls als Sprungbrett der Zukunft betrachtet und Vergangenheit unterschlägt, ist für »gestern« und Alte kein Platz.

Sozialpolitik à la carte, nicht Sozialpolitik als Schlag aus der kollektivistischen Gulaschkanone.

Wir hatten zwei Feldversuche in Deutschland für das Programm »Planwirtschaft« und für das Programm »Soziale Marktwirtschaft«. Es sind die gleichen Menschen in Leipzig wie in Bonn, in Düsseldorf wie in Dresden. Wenn dennoch 1990 ein Wohlstandsgefälle war, dann kann das nicht am unterschiedlichen Fleiß liegen. Die Mauer ist schließlich nicht anhand einer Intelligenzgrenze gebaut worden. Rechts die Dummen, links die Gescheiten, rechts die Faulen, links die Fleißigen. Sondern dann liegt das daran, daß die soziale Marktwirtschaft sich turmhoch überlegen erwiesen hat gegenüber einer staatlichen Zuteilungswirtschaft.

So viel Zukunft haben die Alten nicht, daß sie aus der Utopie der vergangenheitslosen Zukunft Wegzehr entnehmen könnten.

Gesellschaftskritisches 93

Zeichnung: Klaus Pielert

Eine neue Yuppie-Philosophie entfernt sich aus den besten abendländischen Traditionen. Sie ist keine Aussteigerphilosophie – Gott bewahre –, ganz im Gegenteil: Sie lädt zum Einsteigen ein. Aber die Yuppies steigen nur für sich und für jetzt ein. »Nach mir die Sintflut« ist das Yuppie-Credo. Aber in dieser Sintflut ertrinken die Yuppies selber. Allerdings erst später, dann, wenn es zu spät ist, dann, wenn sie alt sind.

Wenn die Menschen kürzer arbeiten wollen, müssen die Maschinen länger laufen. Sollen teure Industrieanlagen 37 Stunden in der Woche laufen und 131 Stunden rosten? Ein borniertes Luxus!

Wenn das lange Wochenende für die Arbeitnehmer tatsächlich diesen unumstößlichen Wert hat, frage ich mich, warum sich die IG Metall nicht für den Geschäftsschluß am Freitag mittag einsetzt.

Gesellschaftskritisches

Mit Inbrunst halten wir an unserem Abpacksystem fest, daß sich von montags bis freitags alle im Stau zur Arbeit und am Samstag alle im Stau in die Einkaufs- und Urlaubszentren quälen. Otto Normalverbraucher wurde Gott sei Dank durch Differenzierung und Individualität abgelöst. Aber Otto-Normal-Arbeitszeit bleibt für uns tabu.

Der neue Name für Fortschritt heißt Differenzierung.

Ein Tag muß anders sein als die anderen. Sonst ist die Zeit ein graues Einerlei. So wie das Jahr Feste braucht, an denen wir uns »festhalten«, so braucht auch die Woche Haltepunkte, an denen die Gesellschaft durchatmet.

Unzufriedenheit kann nicht nur das Ergebnis von Untererfüllung, sondern auch von Übererwartung sein.

Die Zeiten sind besser geworden, die Stimmung entsprechend schlechter.

Möglicherweise geben wir zu schnell auf, deshalb haben neue Denkanstöße zwar die Aufmerksamkeit eines Feuerwerks, aber auch nur deren Lebensdauer.

Ich habe gelernt, daß es genügt, um gegen eine Reform zu sein, den Einwand zu formulieren. Kein Mensch interessiert sich dafür, was derjenige, der einen Vorschlag ablehnt, denn selber für Vorschläge hat. Die positiven Vorschläge haben keinen Marktwert. Es genügt in dieser Gesellschaft, das Veto zu artikulieren, um schlagzeilenfähig zu werden.

Wer jetzt kein Mikrofon findet, mit dem er sich wichtig machen kann, ist selbst daran schuld. Wer keine Kommission einsetzt, ist ein Trottel.

Gesellschaftskritisches

Das Loch in der Erdatmosphäre ist kein Loch über einer Nation, sondern ist eine undichte Stelle im Weltraumschiff Erde.

Was uns fehlt, ist nicht der Wortreichtum der Besprecher, sondern die Ausdauer von Bearbeitern.

Ein Ziel ohne Zeitnot anzustreben, das erscheint wie die Erfüllung aller Kindheitsträume. Wie eine Klassenarbeit ohne Angst vor der Pausenklingel.

Die Sehnsucht nach dem großen Simsalabim, das alle Gefahren wegzaubert, überlassen wir besser den Kinder- und Hausmärchen der Gebrüder Grimm.

Es kann doch nicht der Sinn von Bildung sein, daß jeder Einsteins Relativitätstheorie erklären kann, aber keiner mehr einen tropfenden Wasserhahn repariert.

Ich bin ein Realist und sehe unsere Zukunft sicher und hell, wenn wir stets bereit sind, unser Anspruchsdenken durch unseren Leistungswillen zu rechtfertigen. Daher gilt für meinen Lebensweg das Motto »Erbitte Gottes Segen für Deine Arbeit, aber erwarte nicht, daß er sie auch noch tut.«

Uns geht leicht von den Lippen, daß Menschen Maschinen bedienen. Aber wenn Menschen Menschen bedienen, hat das nicht den gleichen Stellenwert. Obwohl schon die Sprache verrät, daß hier die Welt auf dem Kopf steht.

Ich entdecke in manchen alternativ aufgeputzten Selbsthilfegruppen eine Aktiengesellschaft zur Maximierung des eigenen Nutzens.

Die Ehe degeneriert zu einem Interessenbündnis, dessen Kündigung fällig wird, wenn der Nutzenaustausch auf der eigenen Seite in die roten Zahlen gerät.

Gesellschaftskritisches

Humane Arbeit bleibt immer sinngerichtet. Auf der elementaren Stufe zielt sie auf Bedürfnisbefriedigung, auf der höchsten dient sie der Selbsterfahrung. Arbeit in humaner Form ist eine Schwester der Kunst.

Selbstverwirklichung exaltiert so zu einem Egotrip, der nur das eigene Ich sucht: Die Selbstanbetung feiert Hochämter.

Die egale Gesellschaft ist die Erfüllung der Belanglosigkeit, und die Zertrümmerung jeder Gliederung und Gemeinschaft ist ihre Voraussetzung. Das Instrument der Auflösung jeglichen Zusammenhangs ist die egoistische Selbstverwirklichung.

Der Pflegezug fährt, er humpelt manchmal, er stockt manchmal, der Wagen ist nicht immer schön, aber er steht auf dem richtigen Gleis. Deshalb wird er auch seinen Hauptbahnhof erreichen, so wahr ich Norbert Blüm heiße.

Im Krankenhaus lasse ich mir den Puls lieber von einer Krankenschwester fühlen als von einem Roboter.

Wer auf Patentlösungen setzt, wird alt, stirbt und hat sie nicht erlebt. Nur die Ideologen setzen auf den großen Hokuspokus.

Ohne die Utopie des Schneiders von Ulm hätte der Mensch wahrscheinlich nie die Erdenschwere überwunden. An Medizinmännern und Geisterbeschwörern besteht kein Mangel. Was fehlt, sind Propheten und Pioniere.

Die kommunale Straßenkehrmaschine ist eine energieaufwendige Zerstörung nachbarschaftlicher Kommunikation.

Würde jemand den Gebrauch des Brotmessers zum Brotschneiden verbieten, weil mal jemand damit umgebracht wurde?

PHILOSOPHISCHES

Zeichnung: Klaus Pielert

Ein Vorzug des Tandems liegt übrigens darin, daß es wie ein Harmonietrainer wirkt. Die siamesische Art der Vorwärtsbewegung eignet sich auch dazu, Spannungen in der Horde zu lösen.

Der Urlaub als Spiegelbild des Lebens, das klingt anspruchsvoll und tiefsinnig. In der ersten Urlaubshälfte ist es wie mit der Jugend. Vom Ende spricht keiner, und an den Schluß denkt niemand, es geht immer nur aufwärts. Etwa zu Beginn der zweiten Hälfte beginnt jedoch das Zählen: wieviel Tage noch im Urlaub, wieviel Jahre noch im Leben? In der modernen Lebensbiographie erscheint dieser Punkt als Midlife-crisis.

Vielleicht ist die alltägliche Privatisierung und der fast religiöse Rückzug hinter die vier Wände doch nur eine Form der sublimen Isolation und der Campingplatz die Erinnerung an das eigentliche Leben.

Für weniger anspruchsvolle Gemüter läßt sich eine Urlaubsanalogie auch mit dem Stand des Benzinanzeigers im Auto finden. In der ersten Hälfte kannst du unbekümmert weiterfahren, die zweite Hälfte landet viel schneller im roten Reserveteil, und man weiß nie sicher, welche Tankstelle die letzte vor dem leeren Tank ist.

Alle tragen ein Bild von sich mit sich herum, nämlich eines, wie sie gesehen werden wollen. Und so hat auch der Urlaub die heilsame Funktion eines Maskenballs.

Bescheidenheit darf nicht mit Unterwürfigkeit verwechselt werden. Selbstbewußte Bescheidenheit, rheinische Liberalität, leben und leben lassen, eingebaute Toleranz: »Der Herrgott is nit esu.«

Die erste Form von Wissen ist wahrscheinlich die Erinnerung durch Wiederentdeckung des Bekannten.

Philosophisches

Das Bräunungsunternehmen, das sich auf heißem Sand vollzieht, ist nur eine Variante des Verfahrens, das im Wienerwald praktiziert wird, zugegebenermaßen mit einer anderen Art des Endverbrauchs. Öl wird jedoch hier wie dort benötigt. Die Hähnchen am Strand bestreichen sich allerdings und drehen sich auch selber. Hier wie dort regelmäßig.

Spannend ist es immer auf unbekanntem Wege. Du mußt aufmerksam sein, denn übersiehst du die Wegemarke und gar die Abzweigung, mußt du die Nachlässigkeit bitter büßen, indem du den ganzen Weg bis zum Anfang des Fehllaufes zurückmarschieren mußt. Das ist eine schwere Niederlage, und du bist um dein ganzes Renommee gebracht, wenn du dich zuvor der Wandergruppe als sachkundiger Führer angepriesen hast. Stelle dich lieber dumm, um so größer ist anschließend dein Erfolg, wenn du in einer ausweglosen Situation, vielleicht auch rein zufällig, den richtigen Weg gewiesen hast.

Aber jede große Wanderung ist die Summe von vielen kleinen Schritten. Auch Marco Polo konnte auf dem Weg nach China sechs Kilometer nicht einfach überspringen.

Mit dem Standort wechselt der Standpunkt.

Strafe muß sein. Von den verderblichen Wirkungen der Sünde weiß man vorher – und begeht sie doch.

Es wird niemand bestreiten, daß Menschen entweder in ihre Umgebung passen wie der Deckel auf den Topf oder die Faust aufs Auge.

Das Ziel ist nur ein Punkt. Die Strecke ist wichtiger als der Punkt. Das Ziel ist nur eine pädagogische List, die dich zu Geduld mit den Mühseligkeiten des Weges zwingt.

Die Neugier ist die Hebamme des Abenteuers.

Die Uhrzeit ist von ergreifender Belanglosigkeit. Es gibt Situationen, in denen sich alles entscheidet, und Jahre, die nichts bedeuten.

Moral ist nicht ein schöner Luxus für gehobene Bedürfnisse. Sie ist Sicherung der Humanität in einer Zeit, in der der Mensch mit sich so gut wie alles anstellen kann.

Ohne Rücksicht, ob reich oder arm, dumm oder gescheit, Mann oder Frau, schwarz oder weiß, jeder hat von Gott eine unverzichtbare Würde. Und kein Staat, kein Mächtiger der Welt hat dem Menschen seine Würde zugeteilt. Sie ist ihm von Gott gegeben. Das, finde ich, ist eigentlich das wichtigste politische Mitbringsel der Christen.

Er habe den lieben Gott nicht im Weltraum gesehen, triumphierte einst Gagarin nach dem ersten Weltraumflug. Der Erdenzwerg war noch nicht einmal hinter den Mond gekommen.

Religion, so spottete Karl Marx, sei das Opium des Volkes. Ernüchtert und noch im revolutionären Kater dämmerte die Erkenntnis, daß der Marxismus ein intellektuelles Rauschmittel war. Und die Linken leiden unter Entzug.

Der Abstand zwischen »Dürfen« und »Können« wird größer und größer. Die instrumentelle Vernunft ist von den zielsetzenden Prinzipien abgekoppelt. Von der Kette gelassen, schickt sie sich an, alles zu machen, was machbar ist.

Wenn alle alles tun, was (noch) nicht verboten ist, wird unser Gemeinwesen verhungern.

Philosophisches

Ein anpasserisches Christentum steht in Gefahr, einem umgekehrten Galileo-Effekt zu erliegen. Aus Opportunismus und Feigheit verriet Galileo Galilei seine naturwissenschaftlichen Einsichten vor einer borniert-ignoranten Religiosität. Diesmal geraten Christen in Gefahr, ihre religiösen Wahrheiten vor einer schicken Gottlosigkeit zu verleugnen.

Trends können nicht normgebend sein, denn wären sie das, wäre die Moral lediglich ein Ableseorgan von Entwicklungen und würde jede Fähigkeit zu verantwortlicher Steuerung aufgeben.

Die Weltgeschichte kennt nicht wenige Akteure, die, gleichsam als Befehlshaber des lieben Gottes, die Welt mit ihren Glücksvorstellungen drangsalierten – oft mit besten Absichten.

Wer weiß, was verboten ist, weiß noch nicht, was geboten werden soll.

Schön ist es, mit der weißen Weste die Welt zu beglücken. Liebevoll ist es nicht, denn das Mögliche muß jetzt gemacht werden. Es hilft den jetzt Lebenden nicht, ihnen das Wünschbare für in fernen Zeiten möglich zu erklären. Und so ist die weiße Weste nichts anderes als das Kostüm der Bequemlichkeit.

Fanatismus ist eine Denkstörung.

Dieselben Leute, die für die Nachtflugverbote sind, wollen morgens um 8.00 Uhr frische Apfelsinen aus Israel. Mit der Postkutsche sind die nicht anlieferbar.

Unter Politikern, die nicht lachen können, hat auch das Volk nichts zu lachen.

Philosophisches

Zeichnung: Günter Ryss, Mannheimer Morgen

Ich finde, immer wieder neu anzufangen bewahrt vor Verkalkung.

Wenn man nicht mehr wechseln kann, ist man tot. Und es gibt sehr lebendige Tote.

Treffen, ohne zu verletzen – jeder, der schon einmal Indianer gespielt hat, weiß wie schwer das ist.

Wenn alle im Karikierten dieselbe Person erkennen, nur der Karikierte sich selbst nicht, dann ist klar, an wem es liegt.

Praxis schafft Wahrheit. Der Mensch ist nur, was er tut. Wirklichkeit ist Wirken. Der Mensch erschafft sich durch Arbeit.

Ich sehe im Schöpfungsbericht das erste Arbeitsprogramm. Die Erde verdankt ihre Entstehung nicht dem Zufall.

Der Mensch ist Abbild dessen, der die Erde geschaffen hat. »Machet Euch die Erde untertan!« Das ist der erste Arbeitsvertrag auf dieser Welt.

Wenn man das Jahrhundert Revue passieren läßt: Schutt und Asche haben die Ideologen hinterlassen. Die Kompromißfähigen haben die Welt nicht gefährdet, die Pragmatiker haben sie weitergebracht.

Am Horizont der Zukunft dämmert eine neue Klassengesellschaft, auf die uns die marxistischen Lehrbücher nicht vorbereitet haben. Nicht zwischen Kapital und Arbeit entsteht die neue Kluft, sondern zwischen Arbeitsbesitzern und Arbeitslosen.

Wo das Prestige anfängt, hört bekanntlich der Verstand auf.

Wenn ich mir die Hölle vorstelle, verzichte ich auf Feuer und behelfe mich mit Kafka.

Das Verpackungsmaterial dieser Welt ist die Watte der Anonymität. Du stößt nirgends an und bist doch eingepackt.

Möglicherweise ist auch noch der Ausbruch der Gewalt in den hochzivilisierten Industriegesellschaften ein letzter verzweifelter (und völlig untauglicher) Versuch, sich bemerkbar zu machen und Spuren in die glattpolierte Welt einzuschrammen.

1000 identische Frösche – warum nicht auch 1000 identische Menschen? Tausendlinge – wie großartig und vielverwendungsfähig: welche Aussichten auf ein allgemeines Hochleistungsglück.

Philemon und Baucis brachten die Früchte eines gemeinsamen Lebens ins Alter nicht als eine Aktiengesellschaft, sondern als Lebensgemeinschaft.

Der Versuch, das Alter zu verdrängen, gleicht dem Wettlauf zwischen Hase und Igel: Das Leben sitzt immer schon am Furchenende.

Wir bezahlen den Reichtum des medizinischen Fortschritts mit der Erbärmlichkeit des Sterbens zwischen Schläuchen und Maschinen.

Wir können den Terminkalender der Lebensphasen verschieben, sie selbst aber nicht abschaffen.

Das Kunstwerk ist der Anspruch, das eigene Leben zu übertreffen, und der Versuch, dem Tod ein Schnippchen zu schlagen.

Saubere Hände sind noch kein Beweis für Christlichkeit. Sie können auch vom Nichtstun kommen.

Aber es muß auch ganz einfache Beschäftigung geben. Eine 80jährige im Pflegeheim zu füttern, da braucht man keine 6 Semester Psychologie, da braucht man eine ruhige Hand und ein gutes Herz.

Wir schrecken zusammen und entrüsten uns, wenn ein Hund vor der Haustür überfahren wird. Wenn aber dort irgendwo in der Welt Kinder verhungern, so kümmert uns das nicht.

Auch die Kirchen besitzen keine Vorratskammern, aus denen sie für jedes konkrete Problem die detaillierte Lösung entnehmen können.

So ist das: Beim Geben hört man nichts, beim Nehmen viele Klagen.

Wenn alle auf dem Kopf stehen, entdeckt niemand, daß diese Welt verkehrt ist.

Die Freiheit, für die der Spießbürger sich einsetzt, ist die Freiheit der Intimsphäre, nicht die staatsbürgerliche Freiheit der Mitgestaltung.

Offensichtlich kann der Spießbürger nur schwer vertragen, daß sich jemand in seiner Umwelt anders benimmt als er selbst.

Der Mensch nach Maß ist machbar, doch das Maß der Technokraten ist maßlos.

Adam ist nicht als Robinson geschaffen worden.

Da gab es Leute, die riefen Kreuzzug und meinten ihre Geschäfte im Orient. Da waren andere, die brachten unter dem Schutz von Thron und Altar geräuschlos ihre Schäfchen ins Trockene. Große Worte, wozu auch das Christentum Anlaß zu liefern imstande ist, lassen sich gut zu Phrasen verarbeiten, und Phrasen sind das bevorzugte Baumaterial von Ideologien.

Kritik ist der Stachel im Fleisch der Selbstzufriedenheit.

Die Welt hat keinen Bedarf an moralischen Schulmeistern.

Kein Land macht sich selbst so schlecht wie Deutschland.

Ohne ein bestimmtes Maß an Gleichheit wird die Freiheit zum Recht des Stärkeren.

Das Ende der Geschichte liegt außerhalb der Zeit.

Die Geschichte liefert ebenso eindrucksvolle Exempel für den Mißbrauch der Zwecke wie für den der Mittel. Der Zweck heiligt nicht die Mittel, und die Mittel heiligen nicht den Zweck.

Bretter vorm Kopf sind kein Fernglas!

Man muß auch seine Sprache gelenkig halten. Wenn man die nur an Akten trainiert, ist man bald selbst ein Aktenordner, sozusagen Herr »Leitz« persönlich. Ich möchte aber Blüm bleiben.

Lieber langsamer zum richtigen Ziel als schnell in die falsche Richtung.

Der Eulenspiegel erscheint 1512 als Volksbuch. Es macht allen Mut, die ohne Berufsausbildung auch heute noch was werden wollen.

Wer täglich acht Arbeitsstunden in Monotonie gefangen ist, kann sich am Feierabend nicht plötzlich zu einem Strauß von Kreativität entfalten.

Aus FAZ-Fragebogen

Was ist für Sie das größte Unglück?
Krieg.
Wo möchten Sie leben?
In Bonn.
Was ist für Sie das vollkommene irdische Glück?
Bei sich sein.
Ihre liebsten Romanhelden?
Don Quichotte und Sancho Pansa.
Ihre Lieblingsgestalt in der Geschichte?
Franz von Assisi.
Ihre Lieblingsheldinnen in der Wirklichkeit?
Corazon Aquino.
Ihre Lieblingsheldinnen in der Dichtung?
Anna Karenina.
Ihre Lieblingsmaler?
Marc Chagall und Emil Nolde.
Ihr Lieblingskomponist?
Wolfgang Amadeus Mozart.
Welche Eigenschaften schätzen Sie bei einem Mann am meisten?
Väterlichkeit.

Welche Eigenschaft schätzen Sie bei einer Frau am meisten?
Mütterlichkeit.
Ihre Lieblingstugend?
Mut.
Ihre Lieblingsbeschäftigung?
Lesen.
Wer oder was hätten Sie sein mögen?
Mittelalterlicher Minnesänger.
Ihr Hauptcharakterzug?
Hartnäckigkeit.
Was schätzen Sie bei Ihren Freunden am meisten?
Treue.
Ihr größter Fehler?
Nachgiebigkeit und Wut.
Ihr Traum vom Glück?
Weltumseglung.
Was wäre für Sie das größte Unglück?
Krieg.
Was möchten Sie sein?
Das, was ich bin.
Ihre Lieblingsfarbe?
Violett.
Ihre Lieblingsblume?
Margerite.

Ihr Lieblingsvogel?
Eichelhäher.
Ihr Lieblingsschriftsteller?
Eduard Mörike.
Ihr Lieblingslyriker?
Reiner Kunze.
Ihre Helden in der Wirklichkeit?
Reinhold Messner.
Ihre Heldinnen in der Geschichte?
Mütter im Krieg.
Ihre Lieblingsnamen?
Suleika.
Was verabscheuen Sie am meisten?
Feigheit.
Welche geschichtlichen Gestalten verachten Sie am meisten?
Adolf Hitler.
Welche militärischen Leistungen bewundern Sie am meisten?
Hannibals Zug nach Rom.
Welche Reform bewundern Sie am meisten?
Bismarcks Sozialgesetze.
Welche natürliche Gabe möchten Sie besitzen?
Musikalität.

Wie möchten Sie sterben?
Bewußt.
Ihre gegenwärtige Geistesverfassung?
Wach.
Ihr Motto?
Ama et fac, quod vis.

QUELLENNACHWEIS

Außer zahlreichen Reden Norbert Blüms sowie den Protokollen des Deutschen Bundestags wurden folgende Veröffentlichungen als Quelle genutzt:
Norbert Blüm, *Die Arbeit geht weiter,* Piper Verlag, München 1983
Norbert Blüm, *Politik als Balanceakt,* ausgewählt und zusammengestellt von Ludger Reuber, Universitas Verlag in F. A. Herbig Verlagsbuchhandlung, München 1993
Norbert Blüm, *Sommerfrische,* Siedler Verlag, Berlin 1995
Ein echter Blüm, herausgegeben von Herbert F. Ball, edition transcontact-Verlagsgesellschaft, Bonn 1985
Frankfurter Allgemeine Zeitung – Magazin
Peter J. Velte, *gefragt: Norbert Blüm,* Dagmar Zirngibl-Verlag, Bornheim 1990

Folgende Karikaturisten haben uns
freundlicherweise Zeichnungen
zur Verfügung gestellt:
Klaus Böhle, S. 77
Bubec, S. 2
Klaus Espermüller, S. 44
Horst Haitzinger, S. 37/38
Klaus Pielert, S. 19, 54, 68, 93, 102
Günter Ryss, S. 111
Schöpper, S. 51
Tomicek, S. 26

Die Deutsche Bibliothek – CIP-Einheitsaufnahme

Blüm, Norbert:
[Gesammelte Sprüche]
Norbert Blüms gesammelte Sprüche /
gefunden und hrsg. von Renate Jostmann. –
Stuttgart : Engelhorn Verlag, 1996
(Engelhorn-Bücherei)
ISBN 3-87203-222-4

ISBN 3-87203-222-4

© 1996 Engelhorn Verlag, Stuttgart
Alle Rechte vorbehalten
Typographische Gestaltung: Brigitte Müller
Satz: Uhl + Massopust GmbH, Aalen
Druck und Bindearbeiten: Clausen & Bosse, Leck
Printed in Germany

Ebenfalls in der Engelhorn-Bücherei

Kleine Geschichten für Gartenfreunde
Kleine Geschichten für Bücherfreunde
Kleine Geschichten für zwischendurch
Kleine Geschichten für Literaturfreunde
Kleine Geschichten für Opernfreunde
Kleine Geschichten für Musikfreunde
Kleine Geschichten aus der Schulzeit
Kleine Geschichten für junge Mütter
Kleine Geschichten zum Muttertag
Kleine Geschichten zur Hochzeit
Kleine Geschichten für Kaffeefreunde
Kleine Geschichten für Weinfreunde
Kleine Geschichten vom Kochen
Kleine Geschichten für Fußballfans
Kleine Geschichten für Tennisfreunde
Kleine Geschichten für Skifahrer

Engelhorn Verlag
Stuttgart

Ebenfalls in der Engelhorn-Bücherei

Kleine Geschichten für Autofahrer
Kleine Geschichten für Mercedes-Fahrer
Kleine Geschichten für Trabbi-Freunde
Kleine Geschichten vom Reisen
Kleine Geschichten für Eisenbahnfreunde
Kleine Geschichten rund ums Fahrrad
Kleine Geschichten für Bergfreunde
Kleine Geschichten für Tierfreunde
Kleine Geschichten für Katzenfreunde
Kleine Geschichten für Hundefreunde
Kleine Geschichten für Vogelfreunde
Kleine Geschichten für Pferdefreunde
Kleine Geschichten für Wasserfreunde
Kleine Geschichten für alle,
die von einer Insel träumen

Engelhorn Verlag
Stuttgart